MUJER ÁRBOL

EN EL CENTRO DEL LABERINTO
HABITA LA DIOSA.
ENCUÉNTRALA EN TI
E INÍCIATE A TI MISMA.

Alejandra Baldrich

Edición y Maquetación: Ada Luz Márquez.
Dibujo Portada: Alejandra Baldrich.
Distribuido en formato digital por Amazon.
Distribuido en formato físico por CreateSpace, de
Amazon.
ISBN-13: 978-1979236522

ISBN-10: 1979236526

*"El tamaño de un árbol
no mide su grandeza.
Su grandeza está
en todo cuanto logra hacer brotar
a su alrededor
con su existencia.*

*El árbol no floreció
porque llegó la Primavera.
Fue la Primavera quien llegó
al verle florecer."*

(Ada Luz Márquez)

Mujer Árbol   *Alejandra Baldrich*

❀

La Tierra me da los hilos,
el Universo los trae a mis manos.
Yo tejo la trama.

❀

Él me dijo: "Somos Nada"
Yo le respondí: "Somos Todo"
Y comencé a caminar.

❀

Camina con quienes sepan ver
todo lo bueno que hay en ti.
Después de todo eso que ven fuera
puede que sea en parte tuyo,
pero por sobre todo, es el reflejo
de quienes son ellos.

❀

La F L E C H A me atravesó la piel.
La herida no cierra.
La mente que grita: "¡Culpa a la flecha!"
El Corazón insiste en que la perdone.
Nada sucede…
De pronto, en el silencio, escucho claramente sus
voces.

Es la Madre Tierra. Ella dice: "Besa la herida.
Bendícela"
El Padre Sol señala: "Tu herida te hace poderosa"
El Abuelo Fuego me guía: "Acepta el Obsequio.
Transmuta"
Finalmente, la Abuela Luna me dice dulcemente al
oído:
"Aprende a Caminar Sola, como lo hago yo"

Besa tu cicatriz.
Por allí saldrá tu Luz.

Un verdadero alquimista
desde el veneno
extrae el antídoto.

Un verdadero alquimista
desde el dolor
obtiene su sanación.

❀

Da al Mundo tu don
Y tu don le dará sentido al Mundo.

❀

Si he de hablar,
que de mi boca no salgan nudos;
que salgan puentes.

Si he de mirar
que de mis ojos no nazca niebla;
que nazcan lunas y soles.

Si he de escuchar,
que mis oídos no escuchen ecos;
que escuchen corazones.

❀

Dicen si yo cambio, el otro cambia.
Pero a veces yo cambio y el otro no cambia.
Quizás no desea cambiar.
¿Entonces debo cambiar yo?
Cambiar de otro.
Buscar un otro que sí desee cambiar.
Cambiar junto conmigo, porque la vida es cambio.
Porque cambiar es crecer.

Porque la vida es relación y
nada es más valioso que cambiar juntos.
Y si alguien elige no cambiar
tú no deberías estar a su lado.
Porque si sigues a su lado
es que tú también has decidido no cambiar.

Si la Mente te enferma,
será también la Mente quién te sane.

¿A qué has venido al mundo?
Tal vez a aprender a comunicarte contigo misma,
Porque solo quien verdaderamente sabe sobre si
Puede tender puentes hacia los demás

Desde la oscuridad de la nada
nace la mismísima vida.
Con la vida, el sonido.
Con el sonido, la palabra.
La palabra quiebra el silencio
y con ella enjaulamos
o liberamos nuestra alma.

❋

Hay veces que el mejor regalo
que te pueda alguien dar
es simplemente el de
haber creído en ti.

❋

El pensamiento me atrapa,
la palabra me limita,
las emociones me controlan,
mis sentidos me engañan.

Y entonces, me pregunto
quién verdaderamente soy yo
de entre todas esas visiones.

Y mi corazón me responde:
"Eres aquella que sabe
que tu propio espíritu
desde tus sueños te guía."

❋

Es fácil decir lo que pensamos.
El gran desafío de estos tiempos
es aprender a decir lo que sentimos.

Cada vez que alguien me "enoja"
lo único que me recuerda
es que aún no me amo lo suficiente.

La PALABRA, en la palabra reside el secreto.
Allí, entre lo que PENSAMOS y lo que
ACTUAMOS.
Entre medio.....pasa siempre inadvertida la
PALABRA.....escúchala....
Porque desde ella cincelas TU destino.

¿Qué es el mal?
El Mal es no poder ser nosotros mismos.

Lo que atraemos a nuestras vidas
llega a través del sentimiento
que late detrás de nuestra palabra.

Fui hablándole a los demás
cuando me di cuenta de que todo
me lo decía a mí misma.

Nuestra libertad
está en nuestras propias manos.
La jaula es Mental.

El único y verdadero Poder
nunca ha sido vencer al otro,
sino el vencerme y liberarme
a mí misma.

Puedo ser responsable de lo que yo siento,
pero no puedo cargar
con aquello que otros elijan sentir.

Tu herida esconde tu don.
Pero primero deberás sanarla.

Me he dado cuenta
de que me vuelvo mucho más sabia
cada vez que logro DESAPRENDER algo,
que por todo lo tanto que he aprendido.

Si deseo cambiar el mundo,
Entonces me cambio yo.
¿Qué debo cambiar?
Mi pensamiento.
¿Qué pensamiento?
El que me fue adoctrinado.
¿Y en su lugar?
Me enseño a volver a mí.
Volver a ser quien era cuando era niña.
Justo antes de que la Cultura me domestique,
Antes de que me dijeran el gran NO.
No hablo del "NO" que te evita accidentes
y te enseña a comer más verduras y
menos dulces.
Tampoco hablo del "NO" que te enseña hasta
dónde llegar,

porque puedes lastimar, o salir lastimado.
Hablo del otro "NO",
El "NO" de "Eso NO se dice...Qué van a pensar",
"Eso no se HACE...Qué van a decir."
Ese NO...El no que NIEGA TU propia esencia
a costa de vivir una vida para otros.
El NO que te apaga tu luz y te asfixia el alma.
y que luego cuando creces,
no sabes ni qué deseas ni qué sientes.
Si fuiste capaz de preguntarte honestamente
y al no saber de ti, buscas tus respuestas en los
demás
y eventualmente los terminas
odiando, temiendo, enalteciendo o
los miras con indiferencia,
a la larga dejas de verte en ellos.
Y entonces el mundo no cambia,
porque tú eres el mundo
y todo sigue siendo lo que es.

Sanar es Florecer.

❋

Fue queriendo recibir más,
cuando comprendí que no sabía dar,
y supe que no sabía dar
cuando me di cuenta
que a quien nada le daba
era a mí misma.

❋

La energía masculina comprende.
La energía femenina, cura.
Y las dos energías
habitan en nuestro interior

❋

¿Quiénes son las buenas amigas?
Aquellas que te curan el alma.

❋

¿Cuándo eres por fin libre?
Cuando puedes mantener la mirada
sobre todo eso que te espantaba
sin que ninguna emoción te invada.
Eres libre cuando puedes soltar sin ya desesperar.
Eres libre cuando puedes decir lo que sientes
sin que la voz te tiemble
ni te juegue en contra la mente.

Eres libre cuando lo único que te invade
es la paz de saber que, pese a todo,
estás actuando y diciendo tu verdad
sin traicionarte a vos misma.

Si doy esperando que algún día me devuelvan el
favor
No estoy dando, estoy creándome una atadura.
Si doy pensando que algún día me puede pasar a mí
No estoy dando, estoy especulando.
Si doy, pero después voy a decir "recuerda que te dí"
no estoy dando, estoy chantajeando.
Si doy, porque así me enseñaron,
pero en el fondo me incomoda… ¿Para qué dar?
Entonces, cuando decidas dar lo que sea que elijas,
hazlo simplemente porque te nace hacerlo,
y sonríe porque entonces
has finalmente aprendido a dar.

Creo en todo lo que antes no creía,
y en todo lo que creía, ya no creo más.

Que el corazón suba a mi mente,
para que mis ojos se vuelvan sensibles,
y le digan a mis labios
que sólo pronuncien palabras de sabiduría.

Habla y dí tu verdad, y sanarás.
Niega la verdad del otro y construirás puentes.
Calla tu verdad, y enfermarás.
Calla la verdad del otro y levantarás muros.
El verdadero sabio sabe
cuándo hablar, cuándo escuchar, y cuándo callar.

La Salud se sustenta de la alegría de vivir.
La Alegría de vivir se sustenta del Amor a la vida.
El Amor a la vida se sustenta de la estima propia.
La estima propia se sustenta de la Paz interior.
La Paz interior se sustenta de haber aprendido
a elegir con L I B E R T A D nuestro P R O P I O
camino,
incluidos todos sus aciertos y fracasos.

❄

Morir y renacer.
Ser la Luna, ser el Sol.
Ser los árboles cada Otoño
y las flores cada Primavera.
Destruirme y luego reverdecer
para cada día, estar un paso
más cerca de mí misma

❄

Le pedí a la bruja
que me enseñara a cambiar de mí
todo eso que tanto odiaba.
Ella me respondió:
"No necesitas cambiar, ya lo eres todo.
Sólo quita eso que no eres tú.
La venda ya ha caído, ya puedes ver.
Ahora quítate la máscara."

❄

Y fue una Luna Nueva
cuando el viento se llevó mis temores,
el Mar disolvió mis vergüenzas
y ya no me perdí en la mirada de los otros.

El Fuego quemó mi rigidez
y mi necesidad de controlar.
y la Tierra se tragó mi miedo a estar sola.
Fue durante una Luna Nueva
cuando desperté y descubrí
que había nacido bruja.

✾

Si no tienes nada bueno que decir,
si tus palabras no son para disolver o liberar,
si en tu habla no existe un espacio
para permitirte la duda,
y la posibilidad infinita de errar
antes de expresar tu más valiosa verdad,
haz que tu boca permanezca
cerrada bajo 7 llaves.

✾

Veo fuera en el otro lo que no deseo ver en mí.
No deseo ver en mí lo que alguna vez me dijeron
que no debía verse.
Oculto profundo dentro de mí
se encuentra mi verdadero DESEO,
sepultado entre los escombros de miedos y deseos de
un otro.
Mi búsqueda es encontrarlo
para finalmente encontrarme.

❊

Las mujeres solíamos caminar juntas.
hablando, tejíamos caminos; abríamos senderos,
cultivábamos realidades con nuestra voz
y nuestras manos.
De una en una, y luego todas, así fue siempre,
desde la niebla de los tiempos.

Pero un día, todo el Misterio fue olvidado,
y la Tierra se volvió yerma,
y los Dioses de la guerra se levantaron,
y entonces perdimos nuestra fuerza,
la fuerza de saber llevarnos de la mano.

Y la Tierra lloró, y nosotras callamos.
Y aquí me encuentro hoy,
comenzando a verlas como hermanas,
recordémonos como parir sueños.
¡Despiértense Chamanas!

❊

Algunas veces, expresar lo que sentimos fue tan
difícil
que el mejor camino
que algunos pudimos alguna vez tomar,
fue la violencia.
A veces decir lo que necesitamos fue tan incómodo,
porque nos enfrentó al rechazo,
que elegimos obrar con ira y sarcasmo.

A veces fue tanto lo que nos lastimaron,
que fue más cómodo escondernos detrás
de muros que nos contengan.
Y fue tanto lo que escapamos de nosotros mismos,
que ahora no sabemos quiénes verdaderamente
somos,
porque nos hemos olvidado de lo que alguna vez
fuimos.

No existen mujeres buenas y mujeres malas.
Existen mujeres que no saben lo que sienten,
no saben lo que quieren ni cuáles son sus límites.
Mujeres que no saben pedir,
y que siempre piensan en complacer.
Luego existen mujeres que saben lo que sienten,
saben lo que quieren y cómo quieren ser tratadas,
y por sobre todo saben cómo pedirlo.
Esa es la gran diferencia,
y no se trata de buenas o malas,
se trata de saber y no saber.
Y una vez que lo sabes, ya nada te puede detener.

❁

Busca las llaves... pero si no las encuentras,
rompe todos los candados y corta todas las cadenas.

❁

La Intuición nos conecta a la Madre del Universo.
Aprende a escucharla...ella te guía, ella te advierte.
Algo te llama la atención.
Una Imagen. Un Sonido. Un Aroma.
Una Palabra. Una Melodía. Una Sensación.
Y luego.... al instante siguiente...
lo primero que te viene a la mente....casi sin pensar...
Lo primero.
He allí la INTUICION.

❁

Aceptamos a los demás
sólo si nos hemos aceptado primero
a nosotros mismos.

❁

Cada Luna Llena mi poder se disuelve,
se quema, y sólo cenizas quedan
para luego volver a renacer con la Luna Nueva.
Era yo quien le temía a las chamanas
hasta que una noche me di cuenta
que yo también era una.

❀

Este Solsticio voy a quemar mis mentiras,
que son mis miedos.
Mis incomodidades, que son mis muros.
Mis repeticiones, que son mi herida.
Mis resentimientos que no son por lo vivido,
sino por lo que perdí por haber creído esas certezas,
certezas que compramos en el principio de los
tiempos
y lastiman como dardos.
En este Solsticio elijo morir y renacer con el Sol.
prestándole atención a esa persona
que tanto me amó y me esperó
y que siempre amordacé y callé para no escucharla.
Este Solsticio, ya estoy lista, y ME DIRÉ:
"Perdóname, lo supiste todo, todo el tiempo."
Este Solsticio, me permitiré escucharme A MI
MISMA.

❀

Asume tus miedos,
conoce tus heridas,
di lo que sientes,
piensa lo que dices,
crea tus propios significados,
acepta las consecuencias
de tus elecciones
y entonces serás
tu propia Autoridad.

Es una frase muy liberadora esa que dice:
"Sigue tu corazón y haz lo que desees,
porque sea como sea, igual hablaran mal de ti".
Y aún más liberador es caer en la cuenta de esto:
"Si hablan demasiado bien de ti,
es porque en lugar de seguir tus propios deseos,
estás dedicándote a complacer los de los otros."
Por eso digo yo:
" Realiza tus más profundos deseos,
pero antes de comenzar,
asegúrate de saber
a quienes obedecen."

Por cada vez que rechazamos hacia afuera,
nos hemos rechazado primero nosotros
tres veces hacia adentro.

Te desafío....
A que te permitas cometer errores,
a que te atrevas a escuchar críticas sin estallar en
cólera,
a mostrar tu sensibilidad con palabras,
a llorar sin temor al qué dirán.
Cruza esa puerta,
y podrás Sanar....

❀

Buscamos Amor
por las buenas y por las malas.
Lo buscamos con enojos y caprichos,
con alardes y regalos.
Lo buscamos cuando ayudamos,
cuando nos distanciamos con celos,
y cuando reprochamos.
Lo buscamos cuando intentamos llamar la atención,
y también cuando huímos para que nos llamen.
Lo buscamos de las mil y una maneras
que nos hemos inventado.
Pero apenas algunos consiguen encontrarlo.
Porque sobre todo el Amor florece cerca de aquellos
pocos
que habiendo aprendido a valorarse a sí mismos
no han dejado nunca de sentirse parte del Todo.

❀

El universo no se equivoca en sus quehaceres.
Sólo nos equivocamos nosotros
A veces…en nuestras interpretaciones de los hechos.

✺

... La hechicera murmuró:
"La Luna: mi abuela.
Mi abuelo: el fuego.
El cielo: mi padre.
Mi Madre: la Tierra..."
Y yo pregunté :" Y el agua qué es?"
Y ella respondió: "El Agua...las Emociones.
El agua somos nosotros."

✺

Cruzo la ilusión de la muerte aprendida
y te reconozco por la mirada, aún te recuerdo.
Miro tus manos y no son las mismas,
pero sí el sonido de tu voz, y tus palabras.
Hace Siglos que te conozco.
Te has ido tantas veces primero,
otras fui yo quien partió,
pero sé que en esta danza
nuevamente te vuelvo a encontrar.
Nuestras vidas se repiten,
estrellas infinitas que contamos junto al fuego.
El mar estallando entre las rocas,
el águila que grita el retumbar de los truenos,
y te vuelvo a encontrar
sé que te volveré a perder
y que nos volveremos a encontrar.
Porque somos parte
de esta DANZA SAGRADA.

❄

Que tus miedos se disipen,
Que tus Sueños no se apaguen,
que el dolor transmute en Paz,
que tu tristeza se transforme en sabiduría,
y cuando el Sol desaparezca,
si en esa noche no hay Luna,
que nunca dejen de guiarte las Estrellas.

❄

La Vida es un sueño,
pero sólo quienes han despertado lo saben.

❄

Por cada corazón que aprende a no traicionarse
la Conciencia Universal se expande.

❄

En un universo donde la transformación,
el movimiento y el renacer son constantes.
Donde el tiempo es una ilusión de la mente.
Despedir a quienes parten con un estático
"Que en paz descanse" es parte de este paradigma
que tanto nos aleja de lo que realmente somos.
Es por eso, que cuando alguien cruza este plano,
yo me despido con un "Buen viaje, buen andar.
Sé que volveremos a cruzarnos en el camino."

❀

Somos Luz que resplandece en distintos tonos,
cada color vibra y lleva un mensaje.
Cuando elegimos a conciencia
con cual color brillaremos,
nuestro propio camino
se nos revela ante nosotros.
Somos ese color que elegimos Ser.
Y cuando por fin lo reconocemos,
simplemente resplandecemos.

❀

... Un día salí a buscar a otros,
y fue allí que me encontré a mí misma.

❀

Fue después de un tiempo que comprendí
que la búsqueda no se trataba de otra cosa
sino de las personas con quienes me había cruzado,
y de lo que yo había podido dejarles a ellas,
y de lo que ellas me habían dejado a mí.

❀

Aquello que buscas, dalo
y verás que vuelve a ti.
El Universo elegirá
cuándo entregarlo
y a través de quién.

❀

Sé tierra, sustenta a tus raíces.
Sé agua, acepta tus emociones cambiantes.
Sé aire, vive la libertad del desapego.
Sé fuego, arde e ilumina la vida.

❀

Nuestro cuerpo es prestado,
nuestra alma es infinita,
y nosotros somos
eternos aprendices.

❀

Siempre vemos cuándo el otro nos hiere,
rara vez vemos cuando nosotros herimos.
Pero cuando nos damos cuenta de que estamos
lastimando

es porque nos estamos adentrando
en nuestra propia Sombra.
Si somos capaces de reconocerla sin negarla,
ella comenzará a caminar junto a nosotros.
Ya no jugará a las escondidas,
ni se reflejará en ojos extraños.
Será nuestra compañera y aliada
porque habrá finalmente venido a enseñar
dónde poner el pie, para ya no tropezar
con las mismas piedras del camino.

❁

Me llevó un largo tiempo comprender
que algunos me encontraban adorable
por la misma y exacta razón
que otros me veían repudiable.
Mi condición no cambiaba.
Lo único que variaba era el ojo de quien mira,
y qué tan contaminado o limpio
había podido conservar su corazón.
Yo, a su vez.....sin quedarme atrás
también aprendía,
qué tan dañada estaba mi mirada,
según aquello que sentía
cuando a los demás miraba.

72.

No esperen nada de mí,
es muy poco lo que sé dar.
Y así y todo
a quien más ayudé y serví
fue a aquellos que
me aceptaron tal cual soy.

Sólo se avanza,
sabiendo dejar atrás.

Si debo perder todas las virtudes que pueda tener,
y sólo guardarme dos....
que siempre me acompañen la HUMILDAD
para aprender de los demás lo que a mí me falta,
y el RESPETO a mí misma,
para poder irme
de donde ya no debo estar.

Le dije:
"Quiero poder ser libre.
He visto y visitado templos,
he caminado y he volado,
he escrito y he leído,
he hablado, cantado y llorado.

También amé con fuerza
y con furia he odiado
He muerto en vida,
y he nacido 7 veces,
y aún no he podido cortar las cadenas".

Ella, la mujer más libre, me sonrió
y me respondió:
"Ayudo cuando puedo,
y cuando no, me dejo ayudar.
Ni yo ni mi vida somos ejemplo de nada.
La única diferencia, entre algunos otros y yo
es que eso ya lo he podido aceptar."

❀

Sólo creo en los amores
que ven más allá de los cuerpos y leen almas.
Sólo creo en los amigos que respetan los tiempos.
Sólo creo en los humanos
que son capaces de verse a sí mismos.
Solo creo en mi cuando estoy en calma.
Porque los amores que ven cuerpos
se acaban con los años.
Porque los amigos que no respetan,
son sólo buitres al acecho.
Porque los humanos que no se ven a sí mismos,
creen que son siempre los otros los equivocados.
Y porque cuando yo no estoy en calma,
soy todo aquello en lo que no creo.

❀

Cuando una mujer se completa a sí misma,
ya no atrae a su vida aquellos que vibran en su
carencia.
Ella al fin ha dejado de necesitar
que alguien venga a iluminar sus días.
Ella se vuelve luz para quienes la rodean
y más aún para sí misma.

Escúpeme estiércol
y de mi nacerán
abejas, colibríes, mariposas y flores.
Así fue escrito, y así será.

Qué importa lo que me digan,
tampoco necesito más ver para creer,
sólo necesito aprender a distinguir
si eso que mi corazón siente
es o no, verdaderamente mío.

Hace tiempo comprendí
que "no es lo que decimos",
sino el sentimiento que late
detrás de nuestra palabra.
Lo que lleva el verdadero mensaje que transmitimos
y va creando nuestra realidad.

❅

Nada es mío si no quiero tomarlo,
ni lo que digas, ni lo que hagas,
ni lo que odies, ni lo que rechaces.
Nada es mío si no lo deseo,
y sobre todo si no lo creo.

Lo único MÍO
que existe en este mundo,
es solamente lo que nace de mí,
y eso paradójicamente
es lo que soy capaz de DAR
aunque a los demás no les alcance.

❅

¿Cuándo enfermas?
Cuando no puedes decir "Me equivoqué".
Cuando no puedes decir "NO quiero".
Cuando no puedes olvidar
tanta cosa insignificante que merece ser olvidada
para solo poder recordar lo importante.

Enfermas cuando intentas ser magnífica todo el
tiempo.
Y tratas de complacer a los demás antes de a vos
misma.

Cuando no puedes detenerte a hacer nada ni un
instante
porque enseguida sientes que estás perdiendo el
tiempo.
Cuando pudres tus días por querer poseer el
asqueroso trofeo
de poseer la razón y la última palabra.

Enfermas
cuando pierdes la confianza en el mundo,
cuando intentas ser perfecta
en lugar de ser humana.

Sé amar cuando puedo permitirle al otro ser libre,
y aun así, sin indiferencia ni reclamo,
soy capaz de demostrar ese amor
caminando a su lado.
Pero sobre todo sé amar,
si he aprendido primero a amarme,
a ser libre,
y a reconocer lo que deseo
y me falta para poder así yo misma conseguirlo
y no esperarlo a costa de nadie ni de nada.

❀

El mundo invisible sostiene al visible,
y todas las noches lo visitamos,
y todas las mañanas lo olvidamos.
Pero al despertar y sin saberlo
actuamos inevitablemente aquello
que en sueños hemos pactado.

❀

Vivimos en una Cultura que desmerece todo lo
profundo.
Cuando te encuentres denigrando algo profundo,
sabrás qué tanto la Cultura de ha domesticado.

❀

Es sencillo reconocer al EGO,
es ciego, es sordo y no puede parar de hablar.

No niegues lo que no entiendes
porque no hay aún explicación para el Misterio del
mundo,
y sin embargo, la vida brota milagrosamente
en medio de la inmensidad de la nada.

No ataques aquello que no has vivido en tu propia
carne,
porque estarás atacándote a ti misma
y confirmándole al mundo tu ignorancia.

No temas lo que no vaya de acuerdo a tus creencias,
porque que algo no vaya de acuerdo a tus creencias,
no significa en absoluto que no sea una verdad,
incluso más grande que la tuya.
Y cuando hayas logrado no negar, no atacar,
y no temer,
tu verdad seguramente será tan grande
como para abarcar todas las demás verdades.
Y cuando llegue ese momento lo sabrás
porque ya no necesitará más vencer a nadie,
porque estarás viviendo en sincronía
con el latido del Universo.

❀
Me volví Maga
el día que pude poner mis pies sobre la tierra
y sostenerle al otro la mirada.
Me volví Bruja
desde que pude comprender mi corazón
y así ver con más compasión las razones de los
demás.

Me volví Fuerte
cuando me permití ser más vulnerable.
Me volví Mujer
cuando pude mirarme desnuda frente al espejo
y verme a mí misma con los ojos del alma.

❀

Por mucho tiempo fui lo que me dijeron que debía
ser.
Por mucho tiempo creí lo que me dijeron que debía
creer.
Por mucho tiempo juzgué lo que me dijeron que
debía juzgar.
Y me reí junto a la mayoría de aquellos que me
decían qué debía burlar.
Por mucho tiempo no pensé,
y aún así creí que sí lo estaba haciendo.
Pasó mucho tiempo, pero algo dentro mío, una luz
tenue,
se mantuvo viva y ardiendo, esperando que llegara el
momento,
en el que yo me detuviera a respirar
y comenzara verdaderamente a SENTIR
aquello que yo SÍ sabía y que en nada se parecía a
todo lo que, engañada había estado defendiendo
durante gran parte de mi vida.

❀

Muchas veces, las señales de la vida se nos escapan,
porque no nos muestran lo que queremos que
suceda,
sino lo que necesitamos aprender.

Abrirse a esta realidad
es comenzar a danzar al ritmo del universo.

❀

Que la Mujer de Agua, nutra,
que el Hombre de Fuego, proteja.
Que los vínculos sanen
de uno en uno, con los que están,
con los que fueron y los que vendrán.
Que las Semillas de una Nueva Conciencia
se esparzan por los aires.
El Tiempo es Ahora

❀

La Vida nos va llevando por donde debemos
aprender.
Antes creía que dejar atrás situaciones o personas,
era fracasar.
Luego comprendí que las personas y las situaciones
llegan a nosotras
para que aprendamos o cambiemos algún rumbo.

Aunque sean breves estos encuentros pueden ser
poderosos,
tanto para bien como para mal.
Pero está en nosotras saber ver las señales.
Nos podemos reciclar
siempre y cuando nos lo permitamos
y así avanzamos en espiral
hacia el centro de nosotras mismas.

❁

Aprende de aquellos que, al hablar
nunca pierden la noción
de que eso que están diciendo
es tan solo SU VERDAD.
Porque posiblemente de sus bocas
nazcan las realidades más certeras.

❁

Detrás de muchos
"Por tu propio bien"
Se esconden miedos y necesidades ajenas.
Desconfía de aquellos que necesitan cambiarte
para sentirse completos.

Cada palabra sagrada que pronunciamos en la
Tierra,
desata un nudo en el Universo.

Tantos amores perdidos
no por falta de amor,
sino por no saber relacionarnos.
Y aún así
no se puede apurar al Universo

Qué importa lo que cada cual haga con su vida
Después de todo, cada quién recibe de vuelta
sus propios aciertos y negaciones.
Lo que verdaderamente cuenta
Es lo que YO ELIJA HACER con la MÍA
y a la única persona que debo conformar
es a mí misma.
Por más paradójico que parezca,
solo así se puede AMAR sanamente
y SER, todo lo que he venido a ser
aunque no muchos lo comprendan.

❀

Caminar entre ciegos, y ser sus ojos.
Caminar entre sordos, y ser sus oídos.
Caminar entre mudos, y ser su voz.
En lugar de desesperar, frustrar, y entristecer el alma
por lo que no alcanzan a sentir y luego....
luego dejar que ellos me enseñen a mí
su modo de entender el mundo.

Es así, como se abre la jaula.

❀

Cuando ya no necesites demostrar más nada.
Cuando hayas superado la necesidad de mendigar
atención
Con tu ropa, tu cuerpo, tus títulos o alguna posesión
O inclusive con la información y los chismes
Que ocultos llevas bajo tu manga
Y los esparces como semillas para sentirte
importante.
Cuando todo eso ya no te alimente.
Y aun así, puedas compartir caminos, y tender
puentes.
Habrás cortado ataduras, y ganado libertad,
porque habrás conseguido entonces ser dueña de tus
actos, sanadora con tus palabras y madre de ti
misma.

❀

Después de que te aceptas tal cual eres,
después del reencuentro contigo misma
después de que supiste decir
"Hasta aquí te dejo llegar"
y ya te has desecho de la vergüenza.
Cuando la crítica ya no te altera
Y los oídos sordos no te espantan
ni tampoco las palabras necias.
Después de todo eso
Aún hay un último puente que atravesar.
El que te trae de vuelta hacia todos
aquellos de quienes alguna vez saliste huyendo.
No por masoquismo, no por no haber aprendido, ni
siquiera tampoco por haber sido capaz de olvidar.
Sino porque solo la verdadera chamana, la que ha
enfrentado a todas sus sombras, es capaz de volver
a meterse en la negrura del bosque,
para hablarle con amor,
a todos sus fantasmas.

✼

Cuando creí que todo se había acabado
cuando ya no me quedaba casi espíritu en el cuerpo
Una MAGA me enseño que hay mucha honra en
caminar sola, y defender tu verdad aunque esa
verdad
sea únicamente válida para ti misma.
Y una mujer ÁGUILA
me demostró como el universo escucha tus sueños
cuando se los susurras desde tu corazón y
con tu intención conteniendo al TODO.
Así de a poco mi espíritu volvió al cuerpo.
se levantó, y comenzó a escribir su historia
La historia de una MUJER
que se volvió ÁRBOL.

✼

CREE en lo que elijas creer
solo TU eres RESPONSABLE de tu elección
y del SENTIDO que le des a lo que te toca VIVIR.
Pero recuerda que aquello que hayas elegido
será lo que se manifestará en tu día a día.
Luego piensa en tu vida,
¿es lo que realmente deseas que sea?
Si así lo es, has elegido bien en que creer.

❀

Rechazamos por miedo a que nos rechacen
y así andamos todos buscándonos y huyendo,
encontrándonos y luego escondiéndonos.

❀

No es lo mismo la capacidad de silenciar la mente
que el silencio de lo NO dicho.
No es lo mismo la seguridad de quien defiende
sus límites, que la seguridad del terco que ataca las
ideas que no distingue.
No es lo mismo que mi mirada y mi corazón
hable mis certezas, que creer que mis certezas
sean válidas para todos los corazones y miradas.
Porque algunos silencios sanan pero otros
conducen a la nada, porque no siempre la seguridad
implica sabiduría, y porque no todas las certezas
pueden ampliarnos la conciencia,
si de una dosis de duda no van acompañadas.

❀

Vi a la mujer más bella del mundo ante mis ojos.
Fue la que supo enseñarme que todo lo que yo decía
me lo estaba diciendo a mí misma. Fue la que me
demostró que todo lo que yo gritaba, me lo gritaba a
mí misma.
Y celebró junto a mí eso que yo verdaderamente
amaba, porque había aprendido ante todo a amarme
a mí misma.

❀

Tantas veces CREEMOS SABER porque los demás
hacen lo que hacen, sin siquiera darnos cuenta que lo
único que estamos haciendo al "SUPONER" es
revelar los miedos o deseos propios.

❀

Tanto que aprender y desaprender,
para poder acercarnos a lo que si somos
y ni siquiera sabemos.

❀

Todo lo que dije amorosamente
fue cierto siempre para mí,
fue mi experiencia y mi certeza,
y en eso nunca miento ni me contradigo.

Pero cada día aprendo algo nuevo
y por eso voy cambiando,
Y cambio porque estoy viva.
Si en algo mentimos son en las palabras
Gritadas con odio
Porque ellas solo nacen
De un profundo miedo.

✿

Para la persona manipuladora,
todo el mundo es traidor
si no hace lo que ella quiere.

✿

Tiende puentes sobre los pantanos,
Téjelos fuerte, para que te sostengan.
Trénzalos hábilmente
Para que aniden aves y nazcan flores.
Tiende puentes lejos de las alimañas
Que se reconocen fácilmente
Porque las enfurece cuando no te sometes
A sus mordidas, a sus ataques y a sus garras.

Un día salí a buscar
Y buscando encontré palabras
palabras que abrieron puertas
puertas que mostraron caminos
caminos llenos de luz y de árboles reverdeciendo.
Y allí habitaban mujeres y hombres
hombres y mujeres que me confirmaron
que eso que sentía existía y que no lo había soñado.
Ya no tuve el miedo de los Golem.
Yo no necesite creer en dogmas en roca tallados,
Ahora por fin la vida me confirmaba
que no era locura ni era sueño.
Podía sentir al Axis Mundi
decir: "Al fin puedes escucharme,
ahora eres una Mujer Árbol."

Por cada nudo que en esta vida desato
Libero hacia atrás tres generaciones.
Por cada cadena que rompo
Alguna parte de mi cuerpo es sanada.
Por cada mirada más profunda de los hechos
Eso que devendrá se reescribe a favor de todos.

❀

Asume tus miedos
Conoce tus heridas
Di lo que sientes,
Piensa lo que dices,
Crea tus propios significados,
Acepta las consecuencias
de tus elecciones,
Aléjate de lo que no te hace bien.
Y así serás
Tu Propia Autoridad.

❀

Cuando los amigos se quieren bien
No firman contratos de pertenencia,
Ni atan con nudos sus vidas.
No asfixian con su presencia,
Ni exigen ni demandan explicaciones.
No clavan puñales por la espalda,
El día que no haces lo que ellos esperan.
No cobran por lo dado,
Ni reclaman como niños atención constante.
Son los que saben celebrar sus coincidencias
Y han aprendido a respetar aquello que los hace
distintos.

❀

Quienes más fuerte atacan siempre
son aquellos a los que no se les llena
con nada el vacío de su alma.
Los que caminan completos
No tienen hambre de posesión de gente.
Los que caminan enteros se reconocen
porque no necesitan encadenar a nadie
Ni demostrar nada.

❀

"Transmitimos y vibramos
Según la realidad interna en que vivimos.
Eso que sentimos, pensamos y decimos,
Pertenece a nuestro propio mundo interior,
Y no significa ni refleja que sea la realidad del otro.
Nuestras percepciones son válidas y únicas por ello,
Pero así como son válidas y únicas,
También serán nuestro modo de ver y soñar el
mundo,
Y desde ellas nacerá el MUNDO
Que se nos manifiesta ante nosotros.

❀

Cada reclamo esconde una carencia.
Escucha profundamente que reclamas,
Y sabrás que sanar.

❀

¿Acaso creen que el descanso sea eterno?
En un mundo donde la fuente de vida se nutre de la
impermanencia y el cambio.
¿Acaso creen en el estático "reposar en silencio"?
Si vivimos en un universo donde todo se recicla y
nada se desperdicia
¿Y si esto no fuese así, y si dejando el cuerpo la
conciencia siguiera viva y aprendiendo?
¿Y si estuvieran todos aquí mismo presentes?
Justo a nuestro lado, visitándonos, guiándonos y
también amándonos de un modo distinto...
O tal vez podrían acudir ante nuestro llamado
Cada vez que los recordamos
y así poder agradecerles todo lo mucho que no
hemos podido.
¿Acaso nuestros ojos ven todas las galaxias? ¿Acaso
nuestro oído escucha el vibrar de la tierra? ¿Por qué
solo creer en el cuento que nos vendieron?
Acaso si esto fuese cierto, no sería aún más valioso
lo vivido. Seria todo visto como aprendizaje,
sabiendo que el camino sigue, y que todo lo
invertido no fue en vano ni se ha perdido.

❀

No existe talismán, ni santo, ni magia alguna
capaz de alterar el destino a su favor
de quien se niega vehementemente
a mirarse a los ojos en su propio espejo.

❀

No creas que malgastaste tus días más terribles,
si de ellos has podido soltar o aprender algo.

❀

¿Como diferenciar el tan necesario amor propio,
y la narcisista egolatría?
El amor propio no necesita juzgar ni compararse.
Y como se acepta puede dar y apreciar.
La egolatría hace todo en pos de demostrar y ganar.
Siempre mide y calcula. Absolutamente siempre.
Busca entre tus motivaciones para encontrar la
respuesta
a la pregunta. Eso es lo que traes contigo.

❀

Un día decidí no conformarme
con lo que me dijeron que era,
No me quede con lo que sabía
ni con lo que otros pensaban de mí.
Decidí seguir buscándome y explorándome.
Siempre desconfié de los absolutos. De los perfectos.
De lo que dicen los demás sobre lo que debe o no
ser.
No me considero espiritual, solo busco la armonía.
Y por amor a mí misma, me alejo cuando algo no
me la puede dar.
Ya no ando por ahí intentando cambiar gente.
Elijo simplemente donde yo quiero estar.
Para desde allí poder servirle
mas útilmente a la vida.

❀

Soy aquello que no necesito demostrar.
Soy lo que no me hace falta poseer.
Soy eso que hago cuando no espero el resultado.
Soy lo que siento cuando no me miento.
Soy creadora de mi destino porque se lo que busco
y porque conozco lo que busco, ya lo he encontrado.

Me vas a amar hasta
Que haga algo rompa el encanto.
Entonces te alejaras de mí con miedo
Rechazo o decepción.
Pero recuerda nunca se trató de mí
Sino de lo que imaginaste que yo era.
No hemos venido aquí para juzgarnos,
Sino para aprender a ver nuestro reflejo
Los unos en los otros.
Si dijiste que amabas y dejaste de amar,
Es porque nunca verdaderamente amaste.

La noche y el día no pueden estar juntos
no obstante no existiría la vida en la tierra
sin el uno y sin el otro.

Recuerda lo que eras antes de Nacer,
porque eso serás después de Morir.

❀

Si cuanto más aprendes, mas superior te sentís
Muy posiblemente no estés aprendiendo algo bien.

❀

No todos venimos a lo mismo, algunos debemos
transmutar lo que no hemos recibido, otros lo
mucho que no dimos.

❀

¿Acaso no es la espiritualidad la decisión y el
compromiso de hacernos responsables de nuestra
propia paz interior, para así dejar de culpar al
destino y a los demás de todos los males con los que
cargamos?

❀

Recuerda mujer
llevas el misterio de la vida en tu cuerpo
bendito como la tierra fértil.
Eres hermana de la luna
desobedece a los dioses
de la locura.
Mira más allá de los mundos
usando tu visión sagrada

Recuerda mujer
el poder que posees de visitar
y viajar entre mundos
lo sagrado en tu mirada.
Sabes danzar con el viento,
perteneces al reino de lo salvaje.
Escucha lo que tienes para decirte
Respeta tus tiempos
Sueña tus propios sueños.

❀

No le creas al miedo ajeno,
que si te lo terminas creyendo
te acabas contrayendo.
Aprende a reconocerlo,
viene envuelto en toda clase de
pieles y aromas, de sabores y gestos.

❀

Las cosas suceden por algo,
y también es por algo
cuando no suceden.
Sea como sea que suceda,
confía en tu intuición
ella te guía.

❀

Nuestro cuerpo se deteriora con el tiempo,
y es la mente quien a veces se enceguece,
o llega la ocasión en que el corazón
se inunda de decepción y se cansa.
Pero si consigues mantener la esperanza
podrás notar a pesar de todo
que TU alma sigue evolucionando,
y que TODO lo que sucede
ha de ser por y para ELLO.

❀

El día que deba partir no me lloren
ni arranquen flores,
sólo aprendan a mirar y de pronto notarán
que aunque invisible me haya vuelto,
si sienten amor yo sigo estando.

❀

Vibrar en amor es ver más allá de las imperfecciones
y comprender razones.
Es aceptar nuestros enojos y así soltarlos
como cuando un puñado de arena
se escurre en nuestras manos.

Es ocupar cada vez menos tiempo con lo
que alguien dijo, hizo o pensó porque ahora
sabemos y vemos lo mucho que podemos
ocuparnos de nosotros mismos y todo lo nuestro.

Vibrar en amor es dejar pasar por el costado
las furias ajenas porque ya sabemos que
no son nuestras y que tanta carga nos han dado.

Es no temer a la muerte porque todo
lo que sucede, sucede cuando debe,
si hemos sido generosos en nuestras decisiones,
y hemos aprendido nuestras lecciones
Vibrar en amor no es ser amorosos todo el tiempo,
porque a veces ser firme se requiere,
pero siendo sin lastimar y dejando que cada cual sea
vamos creciendo en mirada y dimensiones.

Vibrar en amor es un día ver,
que existe allá afuera una mejor versión nuestra
que aún no ha terminado de tejerse
pero que paso a paso nos estamos dirigiendo
como si de arte se tratara,
a nuestro mismísimo centro.

❀

La sabiduría observa,
la inteligencia imagina,
la ignorancia supone,
y la estupidez está convencida.

❀

Dos mujeres habitan en mí,
la que camina rápido y apurada,
y la que VE más allá de la niebla del mundo.
Cuando me detengo,
las dos se juntan a amar la vida.
Cuando me apresuro,
la chamana queda atrás.....
... me sigue de cerca y sonríe
viendo como caigo, tropiezo y vuelvo a levantarme.
Nunca me deja.....nunca se aleja.
Ella está en mí.

❀

Pase años de mi vida
obedeciendo creencias ajenas.
Sirviéndole a miedos que no eran propios.
Atada a pensamientos que no eran míos.
Aun así no fue tiempo perdido

si puedo ahora con claridad verlo.

No fue tiempo perdido si a pesar de eso
he aprendido a caminar sin ofender y
sin creerme mejor que nadie.
No fue tiempo perdido si ahora me
encuentro más que nunca antes
cerca de mi misma y sin haber
perdido la sonrisa.
No fue tiempo perdido
si gracias a lo recorrido,
puedo besar la vida que he vivido

Cuanto más severo el juicio,
mas inmensa la sombra detrás
del dedo que señala.

Los dragones más temibles a los que me he
enfrentado
fueron siempre dragones ajenos
que se reflejaban en mi escudo.
No los combatí con la espada.
Simplemente me deshice del escudo.

❀

Nadie te engaña, vos te engañas
cada vez que entregas tu poder a otros.
Nadie te traiciona, vos te traicionas
cada vez que crees que los demás están allí
para cumplir con tus caprichos.
Nadie te abandona, eres tú que hace tiempo
te has abandonado al no poder estar a solas
contigo mismo,
Nadie te lastima, vos te lastimas en cuerpo y alma
cada vez que vibras en el miedo por temor a ser
lastimado.
Nadie te rechaza sin que tú te hayas rechazado
primero.
Nadie te humilla, a menos que te creas lo que te
están diciendo,.
Ahora suelta el engaño, la traición, el abandono,
el miedo, el rechazo, y la humillación.
Suéltalos para poder liberarte.

❀

Cuanto más difícil se ponen las cosas
más oportunidades surgen
para descubrir nuestro DON.
Siempre y cuando no nos sometamos
ante los dos vicios más nefastos
que se tragan nuestra luz.

El vicio de la QUEJA
y el vicio de CULPAR al otro
Vicios que emergen como tentáculos
desde nuestro PROPIO OMBLIGO
y devoran nuestra capacidad de
abrir la conciencia
y recuperar nuestro poder.

❀

Todos aquellos que alguna vez
caminaron junto a mí
y que luego perdí
fueron preciadas ofrendas
que en sacrificio se entregaron
para que existan los tesoros
que conviven conmigo hoy.
Me tomo un tiempo comprender
esta jugada de la vida
Pero finalmente descubrí
que a nadie había yo perdido.
Porque todos ellos seguían vivos
a través de lo que yo pudiera ofrecer
con lo que de ellos había aprendido.

❀

Nunca dejes que la amargura de los amargados
contamine tu espíritu.
Ni dejes que los que se creen dueños de las reglas
Te digan cómo vivir tu vida.
No dejes que los sabelotodo te convenzan
de que la única verdad es solo la de ellos.
Ni le creas a los que te burlan,
cuando decides abrirte de su juego.
No le creas a los que te acusan de estar loca
y que vas contra el mundo
porque la vida ha demostrado hace tiempo

❀

que lo que hace la mayoría es lo que tiene
a tanta vida en la tierra muriendo
No permitas que nadie,
te diga como sentirte ni que hacer.
Al fin y al cabo
si alguien se ocupa de ti y no de sí mismo.
Es porque aún está dormido y no ha comprendido
que todo aquello que no nos gusta en el afuera
se debe empezar cambiando desde ADENTRO.

❀

El deseo más profundo
contra el cual la mujer deberá luchar
es el deseo de la mente patriarcal
que acecha desde dentro de tod@s
y que nos grita imperativamente:
¡NO DEBES CRECER!
Romper el mandato
Es la puerta de entrada
hacia nuestra propia autenticidad.
No ser complaciente
es el camino de regreso hacia nosotras mismas
y si estas en ese camino lo sabrás
porque los soldados del patriarcado
que son mujeres y hombres
con prontitud te acusaran de
Loca, complicada, rebuscada, y rebelde.
Si eso es lo que escuchas,
alégrate, estas en buen camino.

❀

En la suciedad de la Tierra
se escondió la fertilidad del universo
El tesoro más sagrado
debajo de nuestros pies
pisándola sin reverencia,
porque no brilla ni resplandece
bien delante de nosotros.
Si no la sabes ver.

En su oscuridad más profunda
la magia de la vida crece
El más grande Milagro
ante tus ojos escondido fue.
Y aun así y todo son tantos los humanos
que miran y miran,
y no lo pueden ver.

❈

Quienes más fuerte critican
son quienes más desesperadamente
necesitan agradar.

❈

Piensa para los demás
lo que te gustaría que otros pensaran hacia ti.
Piensa bien, escucha las señales,
mira los indicios, no te distraigas.
Porque nuestra intuición ya ha visto
nuestros posibles futuros
y sabe cual es el mejor camino que debemos tomar.
Nuestros actos y palabras tienen peso,
pero más peso aún
tiene la energía de lo que estamos pensando.

Piensa bien para que tus mejores deseos,
siempre contengan el mayor bien del Todo.
Piensa bien, porque la química de lo que estás
pensando,
a quién primero afecta será siempre a vos misma.
Piensa con benevolencia.
Piensa bien
antes de sumergirte en el sueño....
y la vida en la Tierra habrá de reverdecer.

Los peores desencuentros suceden casi siempre
porque no vemos a las personas como son, sino
como creemos que son.
Y pasado cierto tiempo, cuando las vamos
descubriendo. ya dejan de parecerse a lo que
imaginamos, y entonces, tontamente nos sentimos
decepcionados. Pero los que nos ponemos la trampa
somos cada uno de nosotros, porque no nos dimos
cuenta que solo vimos en el otro aquello que
quisimos creer que eran. En todos estos
desencuentros, no hay buenos ni hay malos, no hay
traidores, ni hay santos, sino que solo hay humanos.
Humanos desbordantes de virtudes y defectos.....
Nadie viene a salvarte ni a hundirte.
Cada cual anda buscando sus propios significados.

Nada está escrito en piedra, perdonémonos por todo
lo que no supimos ver y alegrémonos porque aún
estamos a tiempo de seguir aprendiendo y sanando
nuestras relaciones.

❁

Libérate sin culpa ni temor
de todo aquello que no alimente tu alma.

❁

Mientras no aprendas a reconocer lo que sientes,
y a pedir lo que necesitas,
quedarás cada amanecer atrapada
en las mismas telarañas que la noche anterior
diste por desaparecidas.

❁

Mi visión nace de la visión de todas las mujeres
que me precedieron,
Todas ellas caminan en mí y me acompañan
porque de no haber sido por ellas,
no estaría aquí parada viviendo.
Mi fuerza nace de todas esas mujeres
que pudieron plantarse ante las tempestades
y sostenerse solas desde sus profundas raíces

Será señal de que estoy curada
cuando ya no necesite hacer alarde ni nada.
Será señal cuando haya ya aprendido
que por cada burla que digo
muestro un poco más de mi vacío.
Será señal que estoy sanada
cuando pueda pronunciar en alto
todo aquello que esquivo,
sin que me tiemblen las manos,
y sin desviar la mirada.
Cuando eso escondido que deseo
ya no me sea desconocido
y lo haya encontrado dentro de mí
ya no hará más falta desparramar culpas,
reclamar cielos y exigir a gritos.
Será señal que estoy curada,
cuando pueda dar lo que me nazca
sin luego pedir nada.
Será señal de que estoy curada
cuando todo esto me lo hagan a mí
y yo pueda responder en paz
y con absoluta calma.

❧

Aquella mujer que conocí era realmente sabia
Había logrado la mayor maestría que pueda existir.
Había dominado el mágico arte sagrado y ancestral
Y podía manifestar lo que casi nadie hoy en día hace
Ella era consciente de su poder
El brillo en sus ojos lo confirmaba
tanto como la paz que me transmitía
Lo que ella era capaz de hacer
no estaba al alcance de cualquiera,
ella tenía este único poder.
el de mirar y VER,
oír y ESCUCHAR
y hablar y DECIR.
Poder que tenemos todos,
Pero que aún no sabemos usarlo.

❧

Que la vida nos dé todo lo lindo que buscamos
y que aquello que buscamos abarque el bien de la
mayoría.
Que la vida nos dé las preguntas si buscamos
respuestas.
Que nos dé las situaciones si buscamos encontrar al
amor.
Que nos dé sabiduría para elegir con inteligencia

si buscamos sanar nuestro cuerpo y nuestra alma.

Y sobre todo que nos dé visión
para poder vernos a nosotros mismos
en todo aquello que actuamos y decimos.
Porque el bien de cada uno,
es el bien de todos.

No es necesario decir todo lo que piensas

y no por ello se es menos sincero.

La sinceridad es por sobre todo para con
una misma, lo que eliges decir, salvo que tu
opinión sea buscada, habla más de ti y de tu
verdad y poco tiene que ver con los demás y
sus misterios. Aprende entonces a callar a
tiempo, pero si NO PUEDES HACERLO,
presta atención a lo que ESO sobre ti y TU
DESEO te está diciendo.

❀

Lo más VALIENTE que vas a hacer en
tu vida será aprender a amarte a ti misma así tal
cual como eres.

Por el solo hecho de haber nacido en un
sistema que sutilmente te enseña a odiarte.

❀

Veo en los demás lo que no puedo ver en
mí como si estuviésemos en orillas enfrentadas.

Yo describo lo que veo, y el otro me describe a
mí. Y así juntos modelamos quienes somos.
No siempre creas que lo que ves es de otro, no
siempre creas eso que el otro dice ver en ti.
Obséquiate siempre el beneficio de la duda y
recuerda cuando estés de algo convencida que
existe una gran posibilidad de que te estés
equivocando.

❀

¿Cómo sería un mundo Yang sin el
Yin?

Sería un mundo con hombres

que no deben llorar,

presionados por tener éxito,

y por nunca quebrarse

ni mucho menos fracasar.

Sería un mundo con mujeres objeto,

sumisas, sometidas agredidas y
agresivas

cuando a veces ya no aguantan

y en la desesperación

no encuentran su lugar.

Sería un mundo violento,

con tierras devastadas,

ríos que perdieron la pureza

y arboles sin hojas ni ramas.

¿Cómo sería un mundo

donde el único Dios fuera el Yang,

y el Yin no contara?

...salvo para decorar, parir y adornar

pero luego al momento de hablar

su palabra fuera relegada.

¿Cómo sería un mundo Yang sin el
Yin?

Sería un mundo contaminado,

con guerras violencia,

donde reinara la egolatría

de mentes hechas para consumir.

¿Cómo sería un mundo sin
equilibrio?

Como una mesa sin dos patas
Seria un mundo de locura,
de autómatas, y superficial,
donde se ensalzara la banalidad
y la conciencia se despreciara.
¿Cómo sería un mundo Yang,
donde la energía Yin se
subestimara?
No es tan difícil de imaginar,
porque es el mundo que hemos
creado
un mundo incompleto.
 Pero poco a poco,
vamos despertando,
aceptando despacito
que nos falta la otra mitad.

Tus deseos profundos escondidos y
desconocidos

tus miedos e incertidumbres,

tus reflejos y espejeos,

tus actos y actuaciones,

todo aquello todo junto

es lo que va escribiendo

el libro de tus días.

Y según como elijas vibrar,

con conciencia aceptar,

cambiar, fluir, ignorar, trasladar.

Todo lo que atraigas a tu vida

será locura o armonía en tus relaciones.

❋

No me gusta complacer a los
demás, cuando ese complacer implica
alejarme de mí. Después de todo, una
persona que reclama atención
constante y se enoja al no ser
complacida podría necesitar mil
vidas, para llenar su vacío.

❋

Soy MUJER DE NADIE porque soy
MUJER DE MI MISMA.

Me fastidia sentirme culpable, entonces
cuando así amanezco busco en mi mente
qué me está diciendo..

¿Qué me perdí?...¿qué me falta?... ¿qué
deseo?.

Y cuando encuentro la respuesta, la quemo,

la entierro, la disuelvo y la reinterpreto

y así sabiéndola curada me la escribo en el cuerpo.

Vengo escribiendo hace miles de años.

Soles y Lunas que se han vuelto eternos.
Cuando no me soporto, lloro...

o en silencio me encierro y cierro los ojos,
respiro, exhalo, respiro, inspiro y espero.
Siempre hay algo que sucedió ayer,
o hace tiempo que me hace perderme de mi centro.
No busco arrojar piedras

y si las tengo ardiendo en mis manos las guardo,
las planto y se transforman en semillas que van
naciendo.

Las respuestas son mías,

porque la experiencia es solo mía.

Tomo lo que me alumbra el camino, lo comparto,
para que no muera en mí, y hasta quien dice tal vez,
a alguien en el mundo todo esto que escribo le sirva
para algo y no se pierda así, en el polvo del camino.

Lo que nos lastima no es el otro, sino
nuestras propias carencias.

Mientras sigamos esperando que alguien nos
de algo, nos complete,

nos haga felices, nos diga que hacer seguiremos
engañándonos.

Somos carenciados emocionales en gran
mayoría,

por eso no podemos vincularnos
sanamente.

Eres carenciado emocional c

uando vivís sintiendo que siempre algo
te falta y siempre

lo que te falta es por culpa del otro.

Hasta que no salgamos de esta rueda,

toda sanación se hace distante.

No le creas al miedo ajeno, que si te lo terminas

creyendo te acabas contrayendo.

Aprende a reconocerlo,

viene envuelto en toda clase de pieles y aromas,

de sabores y gestos.

Las cosas suceden por algo, y también es por algo
cuando no suceden. Sea como sea que suceda, confía
en tu intuición ella te guía.

Nuestro cuerpo se deteriora con el tiempo, y es
la mente quien a veces se enceguece, o llega la
ocasión en que el corazón se inunda de
decepción y se cansa. Pero si consigues mantener
la esperanza podrás notar a pesar de todo que
TU alma sigue evolucionando, y que TODO lo
que sucede ha de ser por y para ELLO.

Vibrar en amor es ver más allá de las
imperfecciones y comprender razones.

Es aceptar nuestros enojos y así soltarlos como
cuando un puñado de arena se escurre en nuestras
manos.

Es ocupar cada vez menos tiempo con lo que
alguien dijo, hizo o pensó porque ahora sabemos
y vemos lo mucho que podemos ocuparnos de
nosotros mismos y todo lo nuestro.

Vibrar en amor es dejar pasar por el costado las
furias ajenas porque ya sabemos que no son
nuestras y que tanta carga nos han dado.

Es no temer a la muerte porque todo lo que sucede, sucede cuando debe, si hemos sido generosos en nuestras decisiones, y hemos aprendido nuestras lecciones .

Vibrar en amor no es ser amorosos todo el tiempo, porque a veces ser firme se requiere, pero siendo sin lastimar y dejando que cada cual sea vamos creciendo en mirada y dimensiones.

Vibrar en amor es un día ver, que existe allá afuera una mejor versión nuestra que aún no ha terminado de tejerse pero que paso a paso nos estamos dirigiendo como si de arte se tratara, a nuestro mismísimo centro.

Recuerda mujer,

llevas el misterio de la vida
en tu cuerpo bendito
como la tierra fértil.
Eres hermana de la luna
desobedece a los dioses
de la locura.

Mira mas allá de los mundos

usando tu visión sagrada

Recuerda mujer

el poder que posees de visitar

y viajar entre mundos

lo sagrado en tu mirada.

Sabes danzar con el viento,

perteneces al reino de lo salvaje.

Escucha lo que tienes para decirte

Respeta tus tiempos

Sueña tus propios sueños.

❋

Hemos venido a SER y a DEJAR SER sin
perdernos a nosotros mismos en los otros, y sin
perder a los otros por dejar de ser nosotros mismos.

❀

La diferencia entre el veneno y el remedio está en
la DOSIS. La diferencia entre el muro y el puente
que nos acerca y entrelaza, está en las PALABRAS
QUE ELEGIMOS pronunciar.

❀

Fina y delgada es la línea entre estar dormido y
despierto Apenas perceptible para un ojo distraído,
pero les aseguro, créanme, que no hay mayor
dormido que aquel que espera llenar su vacío con
abundancia que llegue desde afuera sin haberla
encontrado dentro.

❀

No les creas a los agresivos, no le creas el sarcasmo
no le creas a la ironía de los inseguros, ni a su burla
solapada, no le creas los ataques, los "Yo que te di
todo y así es como me pagas", no creas cuando te
digan que eres susceptible No le creas a los "Tú te
ofendes fácil". La gente libre se relaciona sanamente.
y no necesita recurrir a ninguna vuelta, enredo ni
artimaña La gente sana no busca cambiar al otro,
pero tampoco se queda donde desean cambiarla.
Caminan libres con la conciencia cristalina, porque
no necesitan la máscara ante los demás, para poder
sostenerles la mirada.

✺

Estaba lo suficientemente loca
para no aceptar los dogmas de los cuerdos.
Y lo suficientemente cuerda
para no dejarme devorar por los dientes afilados
de los soldados de los dogmas.
Iba por la vida abriéndome camino
entre la hierba y el barro.

✺

Besa el espiral de tus dedos Quema incienso deja que
limpie tu angustia Aprende otras miradas Desciende
y vuélvete raíz agradece a tus ancestros Siéntate en el
centro del silencio Honra al sol, a la tierra y al agua
por tu alimento Bendice tu voluntad de seguir en
movimiento Aprende de tu propio tormento Deja en
paz a los otros cada cual hace lo que puede La danza
es sagrada y todo lo entrelaza

✺

La intención que sostiene mis palabras es la que teje
el árbol de mi vida

❀

Confía en quien eres porque cuando estas despierta
en presencia consciente Eres capaz de crear milagros.

❀

En las relaciones humanas eso que hace y dice el
otro es la llave para abrir tu propia conciencia. No se
trata de ellos, sino de lo que te ocurre a ti con eso
que observas fuera. En donde enfoques tu atención,
allí esta la pista de lo que has venido a armonizar.

❀

Créeme,
el despertar no está lejos,
está al alcance de tus manos,
redirige tu mirada,
búscate en el reflejo
anímate a girar la llave,
el espejo son los otros.

El mal humor
es energía negativa
que tanto daña y enferma
Escucha sus motivos,
Compréndelos.
Disuélvelos en el humo de la salvia.
No permitas que aniden en tu corazón
ni suban a tu mente.
Crea tu propia luz.
Sánate a ti misma.

La trampa es mortal es tela araña pegajosa es un pozo, una ciénaga es arena movediza es pantano arenoso Es ver en otros lo que yo llevo encima es verlo fuera y no poder reconocerlo dentro es dudar ¿Soy yo o son ellos? Es pensar que tal vez este equivocada es creer que no esté errada Es comprender que puedo haberme confundido y que eso sea mío Y finalmente saber discernir que si no ocupo mi energía juzgando y criticando a alguien con nombre y apellido ni busco andar vengando ni me paseo reclamando ni pierdo tiempo señalando eso que este viendo fuera afortunadamente no sea mío.

No repitas más mentiras de esas que te roban el alma, no es la noche más temible que el día, ni una mujer pecadora por sus besos embrujados

no es el dios hombre el que nos lleva de la mano y
no hay mayor honestidad que la de quien no se
miente a sí misma
He visto y escuchado casi todo y puedo decir que
solo me inspira la belleza del espíritu. Las luces y los
espejos de colores me tienen sin cuidado, no sigo las
reglas de los corderos y por eso ya me he perdonado.
Sólo me queda decir lo que pienso en la cara cuando
sé que vale la pena sin lastimar ni salir lastimada.

❀

La magia proviene desde adentro.
Solo se crea aquello en lo que se cree.
Atesora tu confianza.
Revisa tus pensamientos.
Disuelve lo que no sirva para ti.
Ten fe.
Crea Magia.

❀

No soy lo que quieres que sea
Tampoco lo que crees que soy
Solo soy reflejo de tus necesidades insatisfechas
y de tu tan vacío desamor.
Puedo ser tu deseo de belleza más profundo,
y también puedo ser tu más desesperado temor

Observa con calma nuevamente antes de dictaminar
quien soy
y tal vez puedas descubrir con suerte finalmente
quien eres vos.

✺

Si estoy despierta no necesito vencerte, conozco tus
miedos, me alejo si lo necesito
Si estoy despierta no intento convencerte Solo te
hablo de mis visiones, y si deseas las compartimos
Si estoy despierta nunca te comparo Me deleito en
tu misterio, y tu oscuridad abrazo.
Si estoy despierta no necesito enjaularte no soy tu
dueña, viajas libre no lo olvides Si estoy despierta te
valoro porque en ti me reflejo.
Si estoy despierta puedo amarte porque el amor no
es tuyo, brilla dentro mío.

✺

Los que más me odiaron fueron los que más me
idealizaron Esos que me creyeron Santa sin darse
cuenta que era yo una mujer más de esas que
intentan contener el fuego del Sol en su vientre hasta
que un día se incendian iluminando la noche de esas
que riegan sus propias raíces con sus lágrimas de
esas que cuando se enfurecen desatan tempestades
que arrancan hojas y ramas y cuando aman hacen
que reverdezca la Tierra.

❀

Cuanto más vacía la mente, más ruidosa la boca.
Cuanto más insatisfecho el corazón más afilado el
dedo que señala
Cuanto más confundido lo aprendido más miedo en
el vientre
Cuanto más alquilado el pensamiento más poder
entregado
Cuanto más dogma tragado más cerrada la mirada
Cuantas más cadenas invisibles nos será imposible
reencontrarnos en esta vida y mi camino nuevamente
se vuelve solitario

❀

No me puedo ocupar de ti y no es que me haya
olvidado
Tengo un sendero propio por andar y muchos
deseos por ser sembrados
No me puedo someter a tus necesidades porque
debo intentar sanar las mías.
Puedo acercarte las palabras que te guíen y también
puedo decirte por donde yo nunca andaría
Pero es tuyo el tiempo y tuya es tu vida
No puedo por vos caminar ni enseñarte como
alegrar tus días
Si lo deseas compartimos juntos nuestras alegrías y
nuestras incertidumbres pero no me pidas que te
haga feliz cuando por ti solo no puedes serlo
Necesito volar libre
Si me atas me asfixias.

❀

Él le rezaba al Dios Patriarca
Yo hablaba con los Bosques y los Mares.
Él caminaba en línea recta
Y yo giraba en espirales
Ël era siempre el mismo, rara vez dudaba
Yo era mil mujeres distintas conviviendo en una sola
cama.
Él sentía en blanco y negro e irradiaba equilibrio
Mi corazón latía en colores infinitos y de visiones
desbordaba
Así pasaban nuestros días entre risas y silencios
buscando aceptar en armonía
que siempre seremos distintos.

❀

Cuida tus palabras
No te distraigas
Que la Tierra las sostenga
Que las purifique el Agua
Que el Fuego las ilumine
y el Aire las eleve.
Créeme,
nunca olvides que con ellas vas creando
Todo aquello que luego vives.

꽃

Metí el orgullo en una caja
Porque ya no lo necesitaba
Metí allí mismo la vergüenza
porque de manos me ataba
Metí también el enojo
porque me manejaba a su antojo
Metí palabras necias que ya no utilizaba
Metí suposiciones que tristemente custodiaba
Metí lagrimas que ya no quería
y hasta metí necesidades inventadas.
Metí todo junto y lo enterré profundo
en una fosa junto al mar.
Y entonces elegí el camino más difícil que pueda
haber
decidí viajar sola,
hacia el centro de mi ser.

꽃

La Mujer Fuerte muere de miedo pero aun así va y
salta a la vida
La Mujer Valiente, tiembla de nervios pero aun así,
se atreve y dice su verdad más controvertida
La Mujer Sabia, se tropezó en cada amanecer y se
cayó cada día y aun así, supo aprender de sus pasos y
volverse su guía

La Mujer Sensual, se miró al espejo y se vio
horrenda si se comparaba y aun así eligió su mejor
vestimenta encendió la luz y salió a enfrentar las
miradas
La Mujer Bruja, es la que supo que los dogmas que
le repetían al oído la estaban enfermando y entonces
salió de las tinieblas y sano sus propios miedos
La Mujer Salvaje, es la que supo que no debía
prestarle atención a las voces pequeñas y estancadas
y comenzó a escuchar su alma que con libertad
vibraba
La Mujer de Poder, se avergonzaba de sí misma por
haberse creído tantas mentiras y aun así comenzó a
escribir para que todas las mujeres supieran de lo
que son capaces, si aun así y todo, se atreven a ser
ellas mismas.

Sácame de acá de donde ya no quiero estar
De la razón que desconfía y enloquece
de la mirada torcida de los que jamás creyeron
  en la magia de la vida
y que de tanto defender sus murallas
se quedaron secos detrás de sus cuatro paredes
 Sácame de acá por favor
del reinado del Dios razón
 que tanto tiempo
contaminó mi suerte

Sácame de los ruidos del vacío sin sentido
 De los que no creen en el amor porque fueron
convencidos
de que es una debilidad que nubla la mente
Yo soy poderosa en mi suelo cuando camino
descalza
sin tener nada en mis manos salvo mis sueños
 Soy poderosa cuando siento, cuando soy capaz de
despejar
 las insistentes voces de mi infierno
Yo soy la que lleva entre mis dedos mi propio cielo
ese que me dice cómo llegar a donde yo más quiero.
A la paz que trasciende los ruidos de la mente
 A la paz que poseen los que con ojos de infinito
desafían a la muerte porque han aprendido a mirar
más lejos.
Yo no les creo a los rudos que escupen sarcasmo y
jamás dudan ni a las risas forzadas que sostienen un
personaje violento
Solo creo en mi cuando en mi soledad soy capaz de
conectar con el sol que arde
dentro de mi pecho.

Ya amanece,
el bosque oscuro se vuelve florido
El sol se enreda en mis ramas
Cada hoja seca lleva nombre,

altar y un sacrificio
El rocío me penetra
He cruzado mil puentes y aún vivo
Para poder volver y ser testigo de que nunca hubo
muerte
solo un cambio de piel y vestido
pero la mirada es la misma
por eso supe reconocerte
No me hace falta verte
Cierro los ojos y te miro.

A mi madre querida por sostenerme en sus brazos
A las dos madres de mis padres por acompañarme en
el sendero
A las cuatro madres de mis cuatro abuelos
porque aún viven en mi sus deseos
A las ocho madres de mis ocho bisabuelos
que sé que me observan desde el misterio
Y a todas las demás que me precedieron
entretejiendo vida con sus cuerpos
A todas les agradezco el dolor sagrado
de haber creado vida pariendo
Aun las llevo conmigo,
no las he olvidado.

Respiro el mar que se incendia al terminar el día
Me inclino ante el cielo estrellado que es mi guía
y me marca lo que deberé enfrentar
Beso el bosque que me abraza al bajar la oscuridad a
la tierra
Amo el humo de la hierba que se quema en el fuego
del hogar
Y así me sumerjo en el infinito
y desaparezco en sueños sin saber
si lo que veo ya lo he vivido
hasta que al despuntar el día
la vida me vuelve a despertar.

Y que si ya he nacido mil veces
y sigo volviendo cuerpo tras cuerpo
para aprender lo que antes no he podido
y soltar lo que ahora ya no soy.
¿Cuánto tiempo he de pisar sobre este suelo?
Si es que solo sirviendo me elevo
Si solo muriendo revivo.
Solo siendo fiel a lo que soy,
sin negar lo que estoy sintiendo
es mi forma de crear con amor
y cumplir con mi destino.

¿Qué te grita el cuerpo hambriento?
¿Acaso no lo has notado?
Jamás es lo que pide y le damos
Sino lo que acecha detrás de la voracidad escondido
Lo que ya hemos sido en alguna otra vida y sueño
y aun se mueve y vibra en nuestro espíritu
Eso es lo que nos pide que veamos
que recordemos quienes fuimos
Tantos tesoros aprendidos y olvidados
Recuerda quien eras
y así sabrás para lo que has venido.

Nada se acaba,
hay un giro eterno de las cosas
Los rostros cambian
Los lugares mutan pero nosotros somos siempre los
mismos en esencia
buscando recordar lo aprendido y olvidado
Hemos de quitarnos la armadura
para poder sentir con nuestra piel
que no hay nada allá afuera
los fantasmas habitan dentro
Cada vez que resultamos heridos y lastimados
es porque hemos caído antes en las trampas que
nosotros mismos nos creamos.

Adiós a los que se van
Bienvenidos los que llegan
que se cierre el ciclo como mejor se pueda
sin dejar pendiente algún final
Habiendo dicho esto, que se despida
y que se suelte
que se corte con cariño
pero bien fuerte
lo que ya no sirve más
Porque si aprendes de lo que te ha tocado
y con gratitud lo has entregado
la vida misma se ocupara de devolverte
todo lo que debas recuperar.

Cuando prestas atención
comprendes que estamos todos bien mezclados los
perdidos y los encontrados
y los que buscan redención.
Los que van por vez primera
y los que ya vienen de vuelta
Los que desesperan por placer inmediato
y los que escapan de toda ambición
Y si andas descuidado
creerás que vamos todos tras lo mismo
Pero jamás confundas con los míos a tus deseos más
negados

Solo la vida misma conoce mis frutos
y aunque parezca poco o mucho
ella sabe quién en verdad soy.

Yo creo que no hay pecado dentro mío
Ni en cualquier manzana que haya mordido
alguna mujer en ningún lugar
Creo en mi corazón cuando desborda de emoción
y no por ello vale menos lo que digo.
Creo en mi cuerpo que es tan fuerte
como para llevar vida dentro mío
y por eso no me siento débil
como tanto han sugerido
Tengo una inteligencia bastante bien concreta
capaz de valorar lo que realmente nos debe
importar
Creo en mi luz y no en el dogma.
En mis manos que sanan heridas
Y también creo en mis sombras
que ya no llevo escondidas
porque así me siento más viva.
Creo en mi mirada cuando no estoy asustada
Creo en mi razón sólo si acompaña al corazón Creo
en mi cuando me abro a lo desconocido Sin
necesidad de atarlo con palabras para que mis
miedos se queden tranquilos
Creo en vos cuando estás conmigo

con los brazos abiertos sin intentar convencerme de
ser lo que no soy.
De pronto la claridad que no imaginas
que me envuelve y que me lava
El infinito en mi mirada
y los portales que se extienden
La llave en mi mano y mi corazón que siente
El latir de mi ojo en éxtasis sobre mi frente
La jaula, el encierro yo mi cárcel y mi carcelero.
Y las espadas afiladas dispuestas
a cortar las sogas que ya no atan
pero aun amarran
Donde el mundo impensado nace
eso empiezo a vislumbrar
que estoy llegando de vuelta a casa.

Luz a la luz
Luz a mis sentidos
Sepan que vale la vida aprender a vivir
y aún más sentirse vivo
y así entonces poder ver
más allá de lo impensado
Tienes el don de crear lo imposible
y tu poder se esconde en tus manos
Usa bien tus palabras,
con conciencia y afirmando

no te creas las mentiras
que nos tienen bien atados
Luz a la luz,
no temas
no estás loca
El amor se cuela como el agua
y se sella con la boca
Luz en mis ojos
Luz en mis sentidos
Siempre sabré distinguir
cuando he de iluminar
y que será lo que esquivo.
Luz a mis palabras,
para abrir caminos de sombra
Luz en mi corazón
para ser siempre fiel a mí misma
Puede que yo me olvide vida tras vida
lo que he vivido
pero sé que el alma siempre recordará
quien soy y quien he sido.

Besa el espiral de tus dedos
Quema incienso deja que limpie tu angustia
Aprende otras miradas
Desciende y vuélvete raíz y agradece a tus ancestros

Siéntate en el centro del silencio
Honra al sol, a la tierra y al agua por tu alimento
Bendice tu voluntad de seguir en movimiento
Aprende de tu propio tormento
Deja en paz a los demás que cada cual hace lo que
puede
La danza es sagrada y todo lo entrelaza
La intención que sostiene mis palabras
es la que teje el árbol de mi vida
Confía en quien eres
porque cuando estas despierta
en presencia consciente
Eres capaz de crear milagros.

G R A C I A S por lo que he recibido,
del modo más torcido que se volvió bendito para
darle sentido a mi vida.
LO S I E N T O por lo que pude hacer
y no hice,
por lo que quisiste hacer y no hiciste.
Por lo que pudimos ser y no fuimos.
P E R D O N por lo que vi y no comprendí.
Por estar tanto tiempo mirando hacia adentro
haciendo el intento de buscar lo perdido.
TE A M O. porque solo después de haber estado
creciendo,
se llega a comprender que lo que ahora está
sucediendo,

ya ha sido planeado y de no haberte amado
jamás hubiéramos sido ni estaríamos siendo.

Aquellos que tienen todas las respuestas son los que
no se han hecho todas las preguntas

Despierta
ya es hora no te quedes
con quien no te hace bien
el viento huele a tormenta y a flores
no hay nada que temer
Llevas bajo la piel a esa mujer
que desborda conocimiento
ella espera paciente que la quieras ver
Es que a veces el ruido afuera
es tan intenso que confunde
y nos hace perder
No hay prisa si es más tiempo lo que necesitas
Todo está sucediendo como debe ser
Llevas encima toda la sabiduría de la vida Cuida tus
palabras cuando te hablas
que a veces dañan
y en el silencio infinito
recuperarás tu poder.

Hay mucho sol allí afuera para quien más lo necesite
Hay también luna para quien se atreva todo es
compartido en esta tierra

Mujer Árbol   Alejandra Baldrich

El tiempo es retorno, y vamos entrando y saliendo
muriendo y volviendo
Descansamos en la nada que es el todo y regresamos
tras la promesa
De intentarlo de nuevo esta vez de un mejor modo.
Nada se pierde, no hay instante vacío.
Estamos aquí de nuevo para esta vez SER
todo aquello que quisimos
y aún no hemos sido.

La trampa fue creer que yo era todo eso
que me habían dicho
La trampa fue pensar que mis sentidos
son la única verdad
La jaula fue encerrarme
en mis recuerdos limitantes
Cuando soy conciencia plena
presente y desbordante
Cuando en realidad hay mucho más frente a mí de lo
que pueda imaginar

Cuando todo está existiendo en este mismo instante,
y estoy siendo madre, hija, mujer y amante
enlazadora de mundos,
mujer árbol y hechicera
mujer santa para los de adentro,
y bruja a los de afuera
mujer que respira vida e intenta dar amor,
pese a los miedos propios y de los demás

Soy la que ha venido a sanar el linaje de la Tierra,
soy una y somos todas
sé que no estoy sola
Queridas hermanas
no nos soltemos las manos
Juntas nos debemos despertar.

Busco mi equilibrio
dentro del movimiento incesante
Busco mi coraje
en medio de mis miedos más oscuros
Busco mis verdades que no son las mismas que las
de otros
Busco ser sin intentar convencer a nadie
Busco ver más lejos y desde más arriba
Busco escuchar entre los silencios y distinguir otras
realidades
Busco comprender lo que no soporto y no callar lo
que no tolero
Busco ser fiel a mi espíritu y así nunca traicionarme
Busco tanto desde hace tiempo, y a veces encuentro
cuando menos busco
Busco a ciegas, busco con alma y cuerpo
Busco y me voy reconociendo en lo mío y en lo
tuyo.
y por arte de magia
ya no huyo a medida que me voy descubriendo.

Todo lo que más atesoro de mí ser
nació en la mugre oscura
de aquellos momentos
en que más odio y desolación sentí.

Yo ni buena ni mala
solo mas mi misma
de lo que jamás esperaba
No me importa si no te gusta
cuando te digo lo que me pasa
Ya no finjo ni disimulo
por querer mostrar algo distinto
No me asusta estar danzando en mi oscuro laberinto
Con el humor cambiante y la paciencia perdida se
volvió placer estar sola más de lo que creía No hay
brisa más liberadora
que vivir sin mentirse
y comprender que todo lo que te enredaste
fue para aprender a aceptar lo que sos
sin querer quedar bien con nadie.

Espérame cuando llegue la Luna Nueva Espérame en
el silencio antes del sueño
Siente que llego sonriendo
Siente que los arboles están renaciendo

Siente la Tierra viviente bajo tus pies latiendo Y a la
mañana siguiente
Vivirás la vida que en la noche anterior
has creado donde los lazos enredados
han sido desatados desde detrás del Velo. Aprende
a quererte
y estarás sanando al mundo entero.

Tanto esmero en ser buena
y la bondad primera
surge del saber ser libre
Tanta desesperación por aferrar y la abundancia
proviene de saber soltar
Tanto interés en decretar lo que no quiero
y el verbo se hace carne al pronunciar lo bueno que
deseo
que es lo que nos bendice la propia vida
sin olvidar el bien de la mayoría
Mi palabra crea mi realidad,
mi imaginación crea mi vida
Y ya casi aprendiendo
a sentir y pensar en libertad
Me vuelvo la versión tan buscada de mi misma la de
ser mi propia maestra
y vuelo sobre mis propias incoherencias
sin miedo sin escapar al ver en otros mi reflejo para
finalmente llegar a donde debo estar

Sé que no es la primera vez que vivo
Sé que he estado aquí antes contigo
Sé que ya te he visto con otras ropas y otros sabores
Sé que aún no he aprendido a pesar de tanto haber
querido
y así vuelvo a caer en tus brazos dormidos
yo esta vez mas despierta,
sin tanta duda incierta
Sabiendo que una vez más tengo la oportunidad de
volver a empezar
y en esta ocasión tal vez terminar t
odo aquello que no he cumplido.

Cuando te busque si es por miedo a estar sola,
aléjate de mí hasta que aprenda a amarme. Cuando
te busque si es por culpa a abandonarte deja que ella
me atraviese
hasta que aprenda a levantarme
con mis propios brazos.
Si te busco por no desperdiciar todo lo vivido,
aléjate pronto de mí,
porque solo amo lo que ha sido.
y si te busco porque te necesito,
déjame sin nada,
hasta que encuentre dentro mío
como llenar ese vacío.

Solo quédate cuando sin buscar nada
yo desee estar junto a ti,
compartiendo las flores y la lluvia
en el camino.

Yo era todo eso
Era lo que en los demás no me gustaba
Era lo que tanto rehuía
Era lo que más escapaba
Y todo eso lo arrastraba
Era donde ponía mi energía
Era el peso y la carga
Era lo sucio que ensuciaba
Yo era todo lo que no quería
Lo llevaba en la espalda de mí se escondía
y yo tanto lo buscaba debajo de las piedras,
en lo profundo de los ríos
Me buscaba en tu mirada y en los labios vacíos. Ya
nacemos repletos
Escucha atentamente
Y te podrás quitar de encima
lo que no te pertenece
Sé vulnerable sé valiente solo así
soltando el miedo se rescata el alma.

No es ego mirarme al espejo,
es que he vuelto a mí
después de haberme hace años escapado.
No deseo embrujarte,
solo estoy aprendiendo a usar mi poder
después de haberlo tenido
tanto tiempo guardado.
No es indiferencia si me quedo en silencio
es que debes aprender a que nadie te diga como
caminar tus pasos.
No es que no me interesen tus consejos,
es que habiendo estado tanto tiempo encadenada,
puedo reconocer cuando alguien habla
sin creer en lo que está diciendo.

No escribo tanto para que me leas
sino porque necesito sacar afuera las palabras que
tanto me atoran y adentro se me enredan. Yo más
que nadie ni nada,
yo en principio y la primera
No vaya a ser que me crea
que ya sé cómo jugar.
Yo la que besa el piso cuando cae
yo la que tiene al menos la certeza de saber
que cuando caigo algo nuevo he aprendido
y así como me desarmo y me aniquilo,
luego me vuelvo a levantar.

El muro delante.
El frío.
El silencio.
La nada.
El vacío.
La oscuridad.
El Hielo.
La llave bien guardada.
La mentira tan creída.
La verdad olvidada.
La ceguera, el descuido.
La confusión internalizada.
La mente bien cerrada.
El grito lacerante.
La soberbia.
El desprecio.
El recuerdo reprimido.
La negación y el miedo.
El poder tan nefasto.
Todo bien metido, escondido en el revuelo. Nunca
la duda de si es mío.
Mejor y más fácil
seguir culpando al de al lado.
Es más de lo mismo.

¿Qué se hace con las palabras enredadas
que nos tragamos y nunca se dijeron?
¿Qué se hace con el orgullo bien guardado
que se ha vuelto muralla hasta el cielo?
¿Qué se hace con los sueños rotos
que ya no han de volver?
¿Qué se hace con el amor que no supimos dar
y ardió en el fuego hasta desaparecer?
¿Qué se hace con todos los mundos
que hubiéramos podido crear?

Se hace un pozo en la tierra,
y se escriben y besan sobre papel
todas las razones y emociones
que nos atraviesan el cuerpo y la piel
Las quemamos y arrojamos en agua que fluya
Pedimos soltar,
meditamos al amanecer
y finalmente ya listas y preparadas Comenzamos
nuevamente a andar
Porque habiéndonos purificado en ese ritual Hemos
aprendido que todo lo que quisimos
y no fue, es porque el universo
no tenía para eso su lugar
y todo lo que está siendo
es así como debe ser.

Yo deseo
que encuentres equilibrio en tu soledad
y cuando estas en compañía
Yo deseo que tú enojo se transforme en arte
y tu furia en sabiduría
Deseo que tu inercia y tú indiferencia
se disipen y expandas tu fuego
sin miedo a sumergirte.
Yo deseo que no te dejes convencer
por todas las mentiras que te dijeron
y las que también te dijiste
Deseo que no muera tu alma
por no haberte aun encontrado
Deseo que te desnudes frente al espejo,
te mires y te ames sin temor
a lo que nos han negado.
Deseo que no repitas verdades
que no sean tuyas
Que te guíen las estrellas,
que sientas tu sangre y la tierra descalza
Que tu sonrisa quiebre la oscuridad y el frío
y si deseas llorar lo puedas hacer delante mío Deseo
que hagas lo que te dé la gana,
y lo que tu alma te pida
Deseo que nunca dejes de caminar detrás
de lo que persigues
y cuando por fin te reconozcas
en tus luces y tus sombras
Sabrás que eras vos misma
eso que tanto buscabas.

No proyectes sobre mi tus demonios
El tiempo es breve y nosotros oro
sobre esta bendita tierra.
Aquí solo avanzan quienes se saben eternos
pudiendo observarse en su propio espejo
sin evadir la mirada.
No maldigas tu suerte
porque me has encontrado,
solo soy agua que te refleja
y vos cielo nublado que no sabe verse
Deja de culparme por sentirte herido
no es mi deber llenar tus vacíos
sino que descubras a través
de lo que yo te reflejo
como volverte completo.
Nunca dejes que la amargura de los amargados
contamine tu espíritu.
Ni dejes que los que se creen
dueños de las reglas
Te digan cómo vivir tu vida.
No dejes que los sabelotodo
te convenzan de que la única verdad
es solo la de ellos.
Ni le creas a los que te burlan,
cuando decides abrirte de su juego.
No le creas a los que te acusan de estar loca
y que vas contra el mundo
porque la vida ha demostrado hace tiempo

que lo que hace la mayoría es lo que tiene
a tanta vida en la tierra muriendo
No permitas que nadie te diga
como sentirte ni que hacer.
Al fin y al cabo si alguien se ocupa de ti
y no de sí mismo
Es porque aún está dormido
y no ha comprendido
que todo aquello que no nos gusta en el afuera se
debe empezar cambiando desde ADENTRO.

Que esta noche mueran las dudas de tu mente
y renazcan las certezas en tu corazón
No todo lo que tu ojo ve es la verdad más pura No
malgastes tu tiempo defendiendo una postura,
es energía densa y oscura que solo retrasa tu misión.
Acepta tus imperfecciones,
porque en esta vida no hay errores
y eso que ves en ti
y padeces como una sombra atroz
no es más que el impulso
y la energía necesaria que enlaza
la sagrada e inevitable manifestación
de todos esos dones que traes contigo escondidos
y aun no has podido descubrir cuales son.

No me visites
cuando en mi cuerpo haya tormenta
porque el viento y el ruido
quiebra y mi cielo
se cae a pedazos
Búscame cuando mis soles brillen y acaricien,
cuando yo florezca
A veces no puedo controlar
lo que pienso y digo
aunque así lo quiera
Búscame fuera del tiempo,
en sueños y en los bosques,
donde nace el frío y el hielo atroz congela Vacía tu
mente de tus mil juicios
cuando respires delante mío
Porque yo soy tu reflejo
y todo lo que digas solo me habla
de lo que has vivido.
No te quedes si no quieres,
aléjate de mí nadie te obliga.
No soy santa ni maldita,
soy dueña de lo que hago
y también de mis silencios
que tanto los necesito me alejo
mientras lastimo,
hasta que por fin renazco.

Puse el corazón en mis ojos
para ver más allá de lo que malinterpreto.
Puse música en mis oídos para suavizar
tristes sarcasmos y miedos ajenos.
Puse palabras en mi boca
para desatar de mi garganta y mi pecho
nudos asfixiantes y perversos.
Puse nubes y cielo
entre eso que ya cerca no quiero.
Puse llaves entre mis dientes
para no lastimar con tanto frio y hielo hiriente. Puse
todo en su lugar
para dejar de manifestar un camino
que no deseo
y siento que de a poco y lentamente
voy encontrando dentro de mí
el lugar al cual pertenezco.
Dejar ir para dejar llegar

Cuando tanto odiaba,
se me aparecía en mi ruido delante mío
la negrura de todo eso que iba evitando Cuando
comencé a detener mis pasos,
y me desvestí de las miradas,
cuando deje de repetir mentiras prestadas

y me vacié de lo sentido en cada paso que daba, me
fui encontrando con voces de fuego y agua que
enseñan verdades olvidadas,
susurrándote al oído
Voces de hombres y mujeres
que te recuerdan quien eres
y te enseñan que todo eso en lo que crees,
será lo que vives.

Te recuerdo de otro sueño,
de otro desierto,
de otro algo sonidos y voces
que vuelan junto al fuego
cantos y tambores en un bosque olvidado
Pies en el barro, manos arrugadas
cadenas, encierro, después risas y miradas
Las cartas de la magia bajo el cielo estrellado Todo
esto me es familiar
y te recuerdo de otro lado
Sea lo que sea que esté haciendo,
sé que es lo que debía
Sea lo que sea que haya hecho,
sé que ya lo he aprendido,
y por mucho que haya sido
ya está siendo pagado.

No es que de pronto enloqueciste
Es que siempre fuiste así
Pero ahora ya no lo intentas disimular
Siempre fuiste distinta
Y eso asusta a los demás
Porque huele a libertad
Sobre todo cuando decís lo que sentís
y no tanto lo que piensas.
No olvides que hasta en el silencio creas.

Vientos del Norte,
sosténganme hasta que finalice mi tarea. Vientos del
Sur,
disuelvan las neblinas de mi mente
Vientos del Este, báñenme con la luz del Sol que
nace
Vientos del Oeste, alimenten el fuego cuando caiga
la noche
para que mi alma no se quede en sombras

Veo mas allá de lo aparente
Siento tu presencia en el silencio
No me asustan con el castigo de un infierno que
fabrica miedo
y penetra el inconsciente
Me adoctrinaron desde niña a no escucharme
y prestar mas atención a lo que opine el otro Me
volvi una absoluta desconocida
Para todo lo que era mio realmente
Ahora me siento en mi oscuridad y ya no temo No
me resisto y me entrego a lo que vivo Después de
todo cuando mas perdida estaba Fue cuando la vida
me enseño cómo encontrarme.
Es tu búsqueda la que te llevará
a donde la piezas encajan
A donde los caminos coinciden,
las sincronías suceden y convergen tus anhelos
Sostén tu búsqueda desde tus raíces,
que se claven en el suelo
Usa tus manos para ver,
cierra tus ojos para sentir
y arroja las voces necias de la mente al fuego Porque
no hay destino escrito
y es ese el mayor secreto
Recupera tu poder perdido
Llevas en ti a los cuatro elementos,
invoca a la tormenta que lava
y al viento que despeja

porque la vida te quiere viva y siendo
Expande tu conciencia,
vuelve a ti
Tu corazón ansía tu regreso.

Si me hubieras dado todo lo que deseaba,
jamás hubiera salido a buscarme.
Agradezco tu escasez
que se volvió mi abundancia.

A mis padres los libero
De sentir que conmigo
han fallado por ser distinta.
Libero a mis hijas
de la necesidad de enorgullecerme,
tejan y escriban su propio camino
según su corazón les diga al oído.
Libero a mi compañero
de la obligación de completarme.
Nada me falta aprendo de vos todo el tiempo. A
mis abuelos y ancestros
que se fueron encontrando
para que yo hoy aquí respire vida
en nombre de ellos,
los libero de las culpas del pasado
y de los deseos que no cumplieron.

Y me desnudo ante sus miradas,
para que sepan que no oculto ni debo nada, más
que ser fiel a mí misma
y a mi propia existencia
que si la camino con sabiduría
podré morir sabiendo
que no ha sido en vano
mi paso por esta vida.

Veo al otro,
veo sus fracasos
Veo sus errores,
veo sus delirios
Veo sus bajezas y sus tonterías,
veo sus locuras, y sus inconsistencias
Veo al otro, miro y veo,
Veo y digo, digo y río,
Me río, me enojo.
Me enojo me indigno.
Veo al otro todo el tiempo,
Lo veo pero no me miro.
Nunca me veo, no puedo, no quiero
A mí misma, a mí mismo...
no nos atrevemos.
La boca siempre abierta,
Los miedos, los encierros,
las jaulas ansiosamente

moviendo nuestra lengua.
Tal vez seamos sordos
o tal vez seamos ciegos
Es más fácil señalar la tormenta allá a lo lejos, y no
la que nos llueve en nuestro propio cielo.

Búscame cuando sea Luna Llena,
seré tu luz en la oscuridad
seré madre, seré hermana,
camina con seguridad.
Cuando llegue la Luna Nueva
mejor aléjate de mi,
puedo devorarte en mi negrura,
y tragarte entre mis sombras con locura
Soy dos y soy Una.
Por favor acéptame así.

Muevo mis dedos,
escribo mis miedos
Palabras no dichas, guardados deseos
Lo que no salió como esperaba,
Lo que perdí y tanto ansiaba
Los besos no dados, los planes fallidos
La danza del infinito, el misterio incomprendido

Todo eso se cumple en algún lugar en otra vida
Nada está perdido, nosotros vamos avanzando Todo
está sucediendo como ha sido planeado.

Pase años de mi vida
obedeciendo creencias ajenas
Sirviéndole a miedos que no eran míos.
Aun así no fue tiempo perdido
He aprendido a caminar sin ofender
y a no creerme mejor que nadie.
No fue tiempo perdido
si ahora me encuentro más cerca mío
que nunca antes No fue tiempo perdido
si gracias a lo recorrido,
puedo besar la vida que he vivido

Si quieres te cuento que ya no es más mío
todo lo que me era conocido
que lo que tenía guardado
lo he abierto y liberado
que me queda en el corazón
todo eso que he entregado
por mal que a muchos les pese
y otros lo vean errado.
Agradezco a los que caminan a mi lado
a las que nunca me soltaron la mano

a los que saben de qué hablo
y conmigo también aprenden
Me hago a un costado
para que pasen los heridos,
los que se sienten ofendidos
o se han enfadado
No es mi intención lastimar cuando escribo lo que
siento
y es inevitable que al hacerlo,
muchos se sientan tocados
Yo no me arrepiento
de nada de lo que he sido
por más que me ha costado tiempo,
agua salada y días sombríos
Al final he encontrado más de lo que imaginaba y
casi todo eso estaba donde menos lo creía
En el cielo estrellado encima mío
y en el brillo de sus miradas.

La vida es demasiado corta
para vivir el sueño de otra persona.
Y vivir el sueño de otra persona,
nos aleja de nuestro destino.

Tantos gritos que hemos dado a la persona
equivocada
Por no poder distinguir en forma clara
a quien en verdad van dirigidos
Dando portazos,
pegando alaridos con silencios y con miradas
Somos carceleros sembrando causas
para luego cosechar tristes efectos
De pronto una palabra, una luz, una sonrisa
nos hace vernos desde arriba
y nos reconocemos tan heridos
ya no hay culpables allí afuera,
Solo somos nosotros mismos quienes debemos
darnos cuenta
que por todo eso que sentimos
si no lo aceptamos y asumimos
Se nos vuelve una condena.

No me asusta mi oscuridad
por eso no necesito andar señalando
lo que elijan hacer los demás
con cada minuto de sus días
No soy buena, ni soy mala,
busco ser mi propia autoridad

Las estrellas me dicen por dónde seguir
y los demás seres por su energía
A veces no son necesarias las palabras
para sentir lo que hay que evitar.
Me alejo así de lo estancado
Yo elijo siempre volar.

Me miro al espejo y me abrazo
Tengo poder en mi vientre y en mis manos
He reescrito mi pasado, guardo un espacio sagrado
El cielo oscuro ya no me asusta.
He vuelto a renacer.

Soy Mujer Otoño
Me escondo, me aparto
me hago tierra y desaparezco
Me escucho, me amo me perdono
y me entiendo
Soy todas las mujeres que existieron
Las amadas, las temidas. las apartadas
y las perdidas
las que se volvieron locas y las sometidas
las que descubrieron sus verdades
y se tragaron sus mil mentiras
Soy una y soy todas ellas en esta sola vida

Soy mujer que quema y que congela
cambio de piel y renazco me encuentro,
me veo descubro el acertijo y me sano
Me trago mis miedos, me devoro mis cadenas Estoy
pariendo semillas
Soy Mujer Primavera
Y es que a veces los destinos mas trágicos
y escritos en piedra son torcidos
y eso sucede cuando en lugar de arrancar la flor la
besamos
Cuando en vez de lanzar la piedra la soltamos
y queriendo muertos de miedo quedarnos callados,
decimos todo eso que sentimos
Cuando desesperados buscando culpables,
finalmente nos reconocemos parte
Cuando comprendemos que somos conciencia
viajando en un cuerpo con un ego
a veces sordo, mudo y ciego,
que sirve a la supervivencia del cuerpo
y nos conduce dormidos.
Cuando por fin pegamos el salto y descubrimos,
que estamos siguiendo un plan trazado
por los planetas
que se vislumbra divino.
Cuando sabemos
que lo que le hacemos a los otros
nos lo hacemos a nosotros mismos
Es entonces que nos damos cuenta

que contamos con un único tesoro
el que somos capaces de crear
con nuestra palabra y nuestras manos
sabiendo que lo que hacemos
es lo mejor que podría haber sido.

Ya no me resisto, ya no me opongo,
no me someto, ni me entrego,
pero tampoco controlo,
me desato, me suelto te dejo, me permito
Sé muy bien lo que digo
y también si me equivoco
Te liberas cuando sueltas
cuando ya no necesitas
cuando no repites más errores
y tu sonrisa es más bonita
No me importa lo que creas,
no deseo hacerte daño
Cuando no busques más culpables
sabrás que ya has sanado.

No proyectes sobre mi tus demonios
El tiempo es breve y nosotros oro
sobre esta bendita tierra.
Aquí solo avanzan quienes se saben eternos
pudiendo observarse en su propio espejo
sin evadir la mirada.
No maldigas tu suerte porque me has encontrado,
solo soy agua que te refleja
y vos cielo nublado que no sabe verse
Deja de culparme por sentirte herido
no es mi deber llenar tus vacíos
sino que descubras a través mío
cómo volverte completo.

Por las veces que dije "Yo soy así",
cuando en realidad
era un yo pasajero esperando hallarse
Por las veces que defendí mentiras
intentando buscarme
Por las veces que hablé de más,
por impulso incontrolado
Por las veces que sufrí sin sentido por habérmelo
inventado
Por las veces que me equivoqué
sin nada haber aprendido.
Por las veces que fui cruel,
arruinando momentos sin sentido

Por las veces que grité en vano,
porque nadie me escuchaba
Por las que tropecé con la misma piedra,
sin llegar a nada,
Por todas esas veces, que parecieran
llenas de vacío siendo mi propia enemiga,
la más maldita y despiadada,
Por todas esas noches aparentemente desperdiciadas
sepan que fue así como logré
encontrarme con mi YO MISMA tan ansiada.

No es lo que damos
sino la intención de la entrega
No es siempre lo que decimos
sino también el silencio entre las palabras
No son las veces que exhalamos
sino el momento en el que inspiro
No es lo que damos esperando recibir
sino lo que se entrega desinteresado
No es la risa ni es el llanto
sino lo que desencadena lo que sentimos
Nunca es lo que acumulamos
es lo que fuimos capaces de soltar en el camino.
Son las batallas que perdimos
las que más nos enseñaron
Son las manos que sostuvimos
y los corazones que remendamos

y de todo lo que destruimos
lo que fuimos rearmando
Lo insignificante que no valía la pena
y pudimos olvidar
y haciendo caso a algún designio
lo que pudimos lograr
para que la tierra reverdezca,
el cielo esté más limpio
Todo esto y todo junto
es el mejor legado que podemos dejar.

Deja de buscarte en los demás
que solo tú sabes bien quién eres
Pero no como esa que crees
sino en todo lo otro que ignoras
Lo que te hace decir que si cuando no quieres lo
que te hace negar lo que sientes
lo que te hace callar a veces,
y otras tantas no parar de hablar
Cuando mueres de ansiedad
y te muerdes los labios porque desesperadamente
estas buscando
todo eso de lo que escapas sin saber
a dónde vas

Estás oculta detrás de aquello que sostienes bajo las
máscaras que el tiempo fue cosiendo
y tu único trabajo
será poderlas desatar.

Tal vez he perdido la cordura
y nutro mis raíces con locura
Prefiero escribir la vida a mi manera
que ahogarme en esta realidad
que no es sincera
Bendita incapacidad la mía
de adaptarme a la mayoría
Nunca digo lo que los demás esperan
y esto tantas veces decepciona
Pero cada cual decide por dónde camina,
con quien duerme, como sigue
Cuando grito, grito fuerte
cuando amo soy sol, cielo y pantano
Sé que cosecho lo que siembro
y jamás pierdo la noción
de que todo eso que doy
a la larga me vuelve.

Sé que estoy dormida
porque a veces todavía
caigo a juzgar lo del afuera
como si nada de eso fuese mío
Solo avanzo y aprendo
Mi piel vieja se desprende
Cuando trasciendo los opuestos
más allá de mi propio ombligo
Si me enojo me permito sentir
todo lo que siento
Hasta que la lluvia lave y limpie
para seguir así renaciendo.

Liberando me libero lo que a ti te pido
es lo que yo me niego
Pero si perdono y también me perdono
El futuro deja de seguir creando las situaciones que
no tolero
Y así la vida demuestra
que finalmente he aprendido
a aceptar mi responsabilidad
en lo que estoy viviendo.

※

Sabes que caminas en paz
cuando todas las voces de tus ancestros
hablan a través tuyo,
y te dicen al oído una única palabra.....
"G r a c i a s"

NO TODO VA A GERMINAR, PERO YO HE SEMBRADO.

Mujer Semilla, Mujer Árbol.

Mujer Árbol   *Alejandra Baldrich*

Made in the USA
Middletown, DE
20 January 2019